Franz Ludorff

# Über die Sprache des altenglischen lay Hauelok pe Dane

ein Beitrag zur Kenntniss der altenglischen Grammatik

Franz Ludorff

**Über die Sprache des altenglischen lay Hauelok pe Dane**
*ein Beitrag zur Kenntniss der altenglischen Grammatik*

ISBN/EAN: 9783743489950

Hergestellt in Europa, USA, Kanada, Australien, Japan

Cover: Foto ©Thomas Meinert / pixelio.de

Manufactured and distributed by brebook publishing software
(www.brebook.com)

Franz Ludorff

**Über die Sprache des altenglischen lay Hauelok pe Dane**

Ueber die Sprache des altenglischen lay

# Hauelok pe Dane.

Ein Beitrag zur Kenntniss der altenglischen
Grammatik.

Eine von der philosophischen Faknltät der Universität Gießen zum
Druck genehmigte Inaugural-Dissertation

von

## Dr. Franz Ludorff.

Münster, 1873.

Aschendorff'sche akademische Buchdruckerei.

Die Abhandlung bietet einen bankenswerthen Beitrag zur altenglischen Grammatik und ist als solcher des Druckes würdig.

Gießen, den 12. August 1873.

Dr. Lemcke.

Während die Grammatik und die sonstigen, sprachlichen Eigenthümlichkeiten des Angelsächsischen und des Normannischen, dieser hauptsächlichsten Elemente des Englischen, sowie andererseits auch das Verschmelzungsprodukt jener beiden Idiome, das um die Mitte des vierzehnten Jahrhunderts schon ziemlich fertig gebildete, sog. Mittelenglisch nach allen Seiten hin genau durchforscht sind und nur noch in wenigen Punkten, z. B. der Aussprache, gewisse Schwierigkeiten bieten, muß die Lückenhaftigkeit unserer Kenntnisse von der so wichtigen und anziehenden Periode, in welcher gerade die oben berührte Um- und Neubildung Statt fand, der Zeit des Altenglischen nämlich, einen jeden Freund der englischen Grammatik mit dem lebhaftesten Wunsche nach Abhülfe dieses Mangels erfüllen. Zwar ist auch auf dem Gebiete der altenglischen Sprache durch Veröffentlichung werthvollen, bis dahin schwer zugänglichen Materials, sowie durch Zusammenstellung und Vergleichung der hervorragendsten Sprachformen vorzugsweise in den letzten zwanzig Jahren Manches geleistet worden. Aber eine Gesammtgrammatik der altenglischen Periode, der es vorbehalten bleibt, an der Hand der uns überkommenen Sprachdenkmäler jener Zeit die allmählige Verschmelzung und Ineinsbildung zweier verschiedener Idiome nachzuweisen und nicht nur für das Englische, sondern auch für die Sprachwissenschaft überhaupt allgemein gültige und werthvolle Resultate zu gewinnen, kann erst dann erscheinen, wenn die einzelnen, erhaltenen Dokumente der altenglischen Sprache der Reihe nach in Bezug auf grammatikalischen Bau genau untersucht und die Ergebnisse einem künftigen Forscher als zuverlässige Grundlage in übersichtlicher Darstellung geboten sein werden.

In dieser Hinsicht mag die in der vorliegenden Abhandlung in der angegebenen Weise behandelte Grammatik und Sprache des „Hauelok pe Dane", eines lay jener Periode, als ein kleiner Schritt auf ein anzustrebendes Ziel von hoher Bedeutung, als ein Beitrag zur Lösung einer Aufgabe betrachtet werden, welche annoch die Kräfte eines einzigen Forschers weit übersteigt.

1*

Das lay of Hauelok pe Dane, eine Perle der altenglischen Literatur, gehört zu einem Kreise, und in Bezug auf die Entstehungszeit an die Spitze von sechs oder sieben lays, welche einen bedeutenden Theil der gesammten Dichtung jener Zeit ausmachen. Das lay, auf dessen Wichtigkeit schon Tyrrwhitt in seinem „Essay on the language and Versification of Chaucer" ganz besonders hingewiesen hat, ist denn auch schon zweimal in England edirt worden, zuerst im Jahre 1828 auf Veranlassung des Roxburghe club von dem verdienten Madden, unter dem Titel „The ancient English Romance of Havelok pe Dane, accompanied with the French text, with an introduction, notes and a glossary by Frederick Madden, Esq. F. A. S. F. R. S. L. Sub Keeper of the M S S. in the British Museum," das zweite Mal von dem Rev. Walter W. Skeat, author etc., London 1868. Die letztere Ausgabe, die den Text des Madden mit einigen Original= anmerkungen gibt, ist den folgenden Untersuchungen zu Grunde gelegt.

Das lay of Hauelok ist das Werk eines fahrenden Sängers, wie sie damals unter dem Namen Seggers, Disours oder Harpours in England umherzogen und ihre Dichtungen, wie auch andere bekannte Lieder dem Volke vortrugen oder zur Harfe sangen. Diese Annahme begründet nicht allein die Einleitung „Herknet to me, gode men, Of a tale pat ich you wile telle, Wo so it wile here and perto duelle. — At pe beginning of vre tale Fil me a cuppe of ful god ale, 1—14, sondern hauptsächlich das stete, persönliche Hervortreten des Sängers, welcher im Laufe der Erzählung in jedem größern Passus wenigstens einmal auf sich als Verfasser reflectirt und seine Gefühle auf seine Zuhörer zu übertragen sucht. An einer Stelle, V. 2336, sucht er, wie es scheint, sogar die Großmuth derselben für sich zu interessiren, indem er die Freigebigkeit der Fürsten bei festlichen Gelegenheiten feiert — per was so mike yeft of clopes — und besonders auf die V. 2327 und 2329 erwähnten gleymen zu beziehen scheint, ähnlich jener schönen Strophe des Nibelungenliedes:

„Vil lützel man der varnden armen dä vant, ros unde cleider daz stoup in von der hant sam si ze lebne hêten niht mêr wan einen tac, ich waen nie ingesinde groezer milte ie gepflac, ed. Lachmann, der Nibelunge Not. I. 42.

Die altengl. Version des lay of Hauelok ist wohl zu unterscheiden von zwei andern Bearbeitungen desselben Gegenstandes in Anglo=Nor= mannischer Sprache, von welchen die eine dem bekannten Geffrei Gaimar angehört, während der Verfasser der andern, längern unbekannt ist.

Das altengl. lay verdankt*) seinen Ursprung höchst wahrscheinlich spe-
zifisch-dänischen Kreisen in ober um Grimsby, Lincolnshire. Es scheint
nämlich kaum einem Zweifel zu unterliegen, daß die Ueberlieferungen
von dem König Hauelok, einem flüchtigen, dänischen Prinzen und von
seinem Pflegevater, dem Fischer Grim, auf historischer Wahrheit beruhen
und in dem wechselreichen Leben ber in England hausenden Skandinavier
eine gewisse Rolle spielten. Um diese für die Stadt Grimsby allerdings
bedeutende, geschichtliche Thatsache rankte sich, wohl schon zu ben Zeiten
ber letzten Sachsenkönige, eine locale Sage, bis endlich, vielleicht Jahr-
hunderte später, die alte, ausgeschmückte Ueberlieferung in bem lay eines
fahrenden Sängers einen naturgemäßen Ausbruck fand. Zwar wurde,
wie vor Allem das ganz ungewöhnliche Schwanken unb Wechseln nörb-
licher unb süblicher Formen beweist, das Gebicht wahrscheinlich in einer
anbern Gegenb, in einem Kloster bes süblichen Englands etwa, nieber-
geschrieben.

Auf Lincolnshire, resp. auf Kreise bänischer Abstammung baselbst,
weist vorerst die Person bes Hauelok, eines Dänen, die Verbinbung
der Hanblung mit Dänemark, die Kenntniß bänischer Institutionen, die
locale, jetzt noch lebendige Sage ber Stabt Grimsby,**) die Jahrhun-
berte hinburch zu Dänemark in ganz besonbern, freunblichen Beziehungen
stanb, schließlich das ber Stabt Lincoln in bem lay burch bas öftere,
ehrenbe Epitheton „the gode boru" gezollte Lob. Für einen so nörb-
lichen Abfassungsort sprechen außerbem innere Grünbe, vorzüglich ber
verhältnißmäßig bebeutenbe Procentsatz von Wörtern bänischen Ursprungs
unb die bei einem nähern Vergleiche ganz unverkennbare Aehnlichkeit in
Grammatik unb Structur mit dem Ormulum sowohl, wie mit ber etwa
breißig Jahr später verfaßten Chronik bes Robert of Brunne ober
Bourne, einem Städtchen ebenbesselben Lincolnshire.

Die Abfassungszeit, beren Bestimmung ben unten bargelegten grammatikalischen Formen bes lay erst einen größern Werth verleiht, läßt
sich glücklicherweise ziemlich genau angeben. In Betracht zu ziehen sinb
babei die Eigenthümlichkeiten bes Gebichts im Vergleich zu anbern, frü-
hern unb spätern Werken berselben literarischen Epoche, ber Procentsatz
ber eingebrungenen, normannischen Bestanbtheile, bas Alter bes Manuscripts
unb geschichtliche Zeugnisse, welche zur Festsetzung ber Entstehungszeit
bienen können.

---

*) wie die Hauelok-Sage überhaupt,
**) Vergl. Skeat, Pref.

Nach den Angaben des Maistre Rauf de Boun und des oben er=
wähnten Robert of Brunne *) existirte schon um das Jahr 1300 ein
in Reim geschriebenes, englisches, volksthümliches Gedicht über Hauelok,
deffen Inhalt mit dem unseres lay identisch war. Sprache und Form
weisen auf das letzte Viertel des dreizehnten Jahrhunderts als Ab=
faffungszeit zurück. Noch sind im lay einige alterthümliche Formen und
Constructionen erhalten, welche schon im Beginne des folgenden Jahr=
hunderts der Vergessenheit unwiderruflich anheimfielen, vor Allem der
Dual Unker und der Imperativ wite mit folgendem Conjunctiv. Die
eigenthümliche Färbung und Haltung des Ganzen, die veralteten Wort=
und Satzverknüpfungen, sowie die schlichte und naive Darstellung sichern
dem Gedichte einen Platz unter den frühesten Erzeugnissen der altengl.
Periode. Jedenfalls ist unser lay etwas älter, als der King Horn,
vor welchem es in der einzigen, uns erhaltenen Abschrift im H. S. Laud
108 der Bodleyan library, Oxf. unmittelbar steht, aber auch sicher
bedeutend jünger, als die um etwa 1250 verfaßte Genesis and Exodus.
Letzteres Werk zählt in 4162 Versen ungefähr fünfzig romanische Be=
standtheile, davon fünf Verben, der King Horn in 1530 kurzen Versen
bereits sechszig rom. Wörter, darunter zehn Verben, das lay of Hauelok
aber in 2820 uns erhaltenen, langen Zeilen, wie wir sehen werden,
ungefähr hundert und sechszig Bestandtheile roman. Ursprungs, davon
sechs und zwanzig Verben, so daß auf je 17½, und die Wiederholungen
einbegriffen, auf je 8 Verse ein rom. Wort kommt. Alle Wiederholungen
eingerechnet, finden sich im lay überhaupt 377 rom. Wörter. Unbeschadet
der Wiederholungen enthalten die ersten 100 Wörter des lay etwa fünf
romanische, das zweite Hundert gleichfalls, das dritte und vierte je sechs
u. s. w., so daß sich ein Procentsatz von 5—6 Bestandtheilen romanischen
Ursprungs ergibt. Bekanntlich findet man in der Chronik des Robert
von Gloucester, im zweiten Viertel des vierzehnten Jahrhunderts, bereits
einen Procentsatz von 6—7 romanischen Wörtern.

Die Abfassung des lay fällt also schon bedeutend später als 1250
und geht der des King Horn unmittelbar voraus. Setzen wir aus
gewichtigen Gründen die Entstehung der drei uns erhaltenen Versionen
dieses werthvollen lay im Durchschnitt um das Jahr 1300 an, so dürften
wir kaum fehlgehen, den Ursprung des lay of Hauelok in den Jahren
1280—1290 zu suchen. Für diese Zeit haben also die unten entwickelten

---

*) Skeat, Pref.

Gesetze der Laut- und Wortlehre für eine nördliche Gegend Englands Gültigkeit.

Ein charakteristisches Merkmal unsers lay, die Unsicherheit und Mannigfaltigkeit in Formen und Flexionen, tritt in gleicher Weise in dem äußern Gewande des Gedichts hervor, in welchem alle damals neben einander bestehenden Richtungen ihren Ausdruck gefunden zu haben scheinen.

Das Versmaß ist sofern echt germanisch, als jeder Vers — mit einer einzigen Ausnahme — aus vier Hebungen und einer beliebigen Anzahl Senkungen besteht. Die Stellung der letztern bedingt in der Regel einen vierfüßigen, jambischen Vers mit männlichem oder weiblichem Schluß, eine Form, auf welche sich auch fast alle Verse mit zehn oder elf Silben zurückführen lassen. Da jedoch der erste Versfuß sehr oft nur aus einer einzigen Hebung besteht, so zerfallen alle Verse in zwei größere Klassen; zu der erstern gehören alle diejenigen, welche bei regelmäßiger Bildung acht Silben bei männlichem und neun bei weiblichem Schlusse zählen, zu der zweiten, bei regelmäßiger Bildung, die siebensilbigen, männlichen und die achtsilbigen, weiblichen. Z. B.:

### I.

46. Wel fýfty púnd J wóth and móre,

27. Jt wás a king bi áre dáwes,

34. And ál for hise góde wérkes.

Als Verse mit regelmäßiger Bildung und männlichem Schlusse figuriren unter den ersten 100 Versen nur V. 44, 55 und 79, so:

44. For hém ne yéde gold ne fé.

### II.

a) mit männlichem Schluß:

1. Hérknet tó me góde mén,

22. Krist us yéue wél god fýn,

31. Erl and barun, dreng and kayn,

48. Jn a male with or blac,

73. Ne for siluer ne for gold,

74. So was he his soule hold, u. s. w;

b) mit weiblichem Schluß:

42. Alle pat he micthe fynde,

63. He was Engelondes blome,

101. Poure pat on fote yede.

Zwar gibt es unter den ersten hundert Versen nur 22, die ganz und gar einer dieser Klassen angehören, demnach regelmäßig gebildet find. Die Elision des stummen e aber führt, wie gesagt, fast alle Verse troß ihrer größern Silbenzahl auf die regelmäßige Form zurück. Die meisten Silben, nämlich zwölf, finden sich V. 39 und 69, elf aber V. 17, 28, 30, 38, 68, sonst immer neun bis zehn. Nur wenige Verse lassen sich in keine der beiden Klassen einreihen und enthalten, wohl nicht ohne Absicht des Dichters, dreisilbige Füße, die bei der Aussprache nicht wegzubringen sind, z. B.:

V. 13. At pe beginning of vre tale,
17. Krist late us heuere so for to do,
28. That in his time were gode lawes,
91. That he ne s prong forth so sparke of glede.

Ganz unregelmäßig gebildet sind V.

64. Was non so bold lond to rome; dann:
57. That he ne weren sone to sorwe brouth,
82. And in feteres ful faste festen.

Zuweilen jedoch ist eine klare Darlegung des rhythmischen Vortrags mit gewissen Schwierigkeiten verbunden, indem die Gesetze Betreffs der Aussprache des unbetonten e sich nicht mehr mit völliger Bestimmtheit erkennen lassen. Am Ende der Verse reimt ein ganz unwesentliches e auf ein betontes, aus einer schweren, angelsächsischen Endung hervorgegangenes e zu oft, als daß man auf den unbedingten Ausfall des e am Ende der Zeilen zu schließen berechtigt wäre. Doch ist der Reim dwelle auf tel wohl zu beachten. Sonst finden die von Ellis in seinem Essay on Early English Pronunciation über das Verstummen des e aufgestellten Regeln im Allgemeinen in unserm lay ihre Bestätigung. In der Mitte dreisilbiger Wörter zwischen Hochton und Tiefton war, wie der Reim mehrfach darthut, das unbetonte e unhörbar, vergl. V. harde 567 u. crakede 568; stareden 1037 u. ladden 1038; yemede 2276 u. fremde 2277 u. s. w. Im Innern der Verse, am Ende der Wörter wurde das unb. e vor einem Vokal oder stummen h, mit welchen es einen Hiatus bildete, gleichfalls unterdrückt, selbst wenn es in Endsilben, wie el, en, er u. a. vorkam und durch den Endconsonanten geschützt war, so in litel 6, riden 10, drinken 15 u. s. w. Nicht unterdrückt wurde das e dagegen in der Flexionssilbe ed nach t, wie in hated 40.

In einzelnen Fällen war das e auch vor oder nach gewissen Consonanten unhörbar, so, wie schon Child bei Chaucer bemerkt, nach r, vgl. were 85, außerdem öfters vor w, z. B. V. 6: he was. Ueberhaupt herrschte wohl damals über diesen Punkt große Willkühr, wie denn der Unterschied zwischen einem tieftonigen und einem betonten e und zwischen ersterem und einem stummen sehr häufig äußerst gering ist.

Durch das ganze lay hindurch finden sich Anklänge an die Alliteration früherer Zeiten, welche sich damals im Norden Englands noch in den volksthümlichen Liedern behauptete, um fünfzig Jahr später noch einmal zu fast allgemeiner Geltung zu gelangen. Alliterirend sind B.:

82. And in Feteres Ful Faste Festen,
164. He Greten and Gouleden and Gouen hem ille,
234. Ther was Sobbing, Siking and Sor.

An diese Gedichtsform erinnern außerdem die sehr häufigen Wiederholungen eines mit einem Consonanten beginnenden Wortes (zumeist als Attribut) in demselben oder mehreren auf einander folgenden Versen, vergl. B.:

1063. Hw he was fayr, hw he was long,
1064. Hw he was wis, hw he was strong;
ähnlich: 1252. A swipe fayr, a swipe brith;
das häufige: a trechery, a treasoun and a felony.

Formen romanischen Ursprungs sind Reim und Assonanz. Die einzelnen Verse sind zumeist zu Reimpaaren verbunden, nur an wenigen Stellen reimen 3—4 oder mehr Verse auf einander, wie z. B. B. 37—40, 509—513, 561—564, 685—689, 673—679 u. a.

Absicht des Dichters war es wohl, durch ähnliche Unterbrechungen des regelmäßigen Fortgangs eine für das Ohr wohlthätige Abwechselung herbeizuführen. — Zum Gebiete des Reims sind natürlich auch alle die Fälle zu rechnen, in welchen der Gleichklang von Vokalen und Consonanten wegen Mangels eines einzigen, aber unwichtigen und verstummenden Buchstabens, z. B. des ausl. n in Inf.-Endungen unvollständig erscheint. Fälle dieser Art finden sich in den Reimen gongen zu fonge 855—56, bringe zu ringen 1105—1106, mouthen zu douthe 1183—84, riden zu side 1758—59, wesseylen zu deyle 2098—99, slawen zu drawe 2476—77; ähnlich seruede zu werewed 1914—15. — Unter allen diesen Versen sind die mit weiblichem Schluß (meist auf e, seltener auf es, eth, ep, ed, en, a oder w) vorherrschend, indem von den etwa 1400 Reimpaaren des lay 752 dieser Kategorie angehören.

Assonanz oder Gleichklang in den Vokalen am Schlusse zweier auf einander folgender Verse ist im lay ziemlich selten. Beispiele liefern B. 21—22 rym syn, 1101—1102 shop hok, 1680—81 bepe rede, 1762—63 riche chinche, 1824—25 feld swerd, 2658—59 bopen utdrowen; 182—83 yeme quene, 1153—54 odrat bad, 1333—34 yer del u. f. w. — Besonders erwähnenswerth ist noch die lange Tirade auf ede von B. 87—105, welche zwar gereimt erscheint, aber unmittelbar auf die in Assonanz geschriebenen, französischen und normannischen Nationalepen von gleicher Form hinweist.

Noch hat sich in dem lay eine ganz eigenthümliche Form in dem Gleichklang derselben Consonanten am Ende der Verse entwickelt, welche der Stellung nach zum Reime, dem Wesen nach zur Alliteration zu gehören scheint, so in den B. 795—96 longe gange, 1782—83 open drepen, 2548—49 bidde stede, 2698—99 gres is, 2936—37 bope rathe u. f. w.*) Ganz unregelmäßig erscheint der Reim 410—411 eir, toper.

Für die dichterische Begabung des Verfassers sprechen nicht eben die häufigen Wiederholungen, wie in ganzen Ausdrücken und Sätzen, so besonders als reimende Wörter am Ende der Zeilen, z. B. V. 1—2 men men, 29—30 holden holde, 739—740 erpe erpe, 1640—41 heren heren, 2800—2801 youres youres u. f. w.

Die Reime (oder Assonanzen) mit weiblichem Schluß erstrecken sich natürlich stets über eine betonte und eine unbetonte Silbe; die mit männlichem Schluß finden, dem Geiste des Angelsächsischen entsprechend, in der Regel noch ausschließlich zwischen betonten Silben statt. In einigen Fällen jedoch geht der Reim, in Folge normannischen Einflusses, schon auf Ableitungs= und Bildungssilben über, so in B. 270—271 cri merci, 318—19 wás Judás (ebenso Judás Sathanás, wás Lathanás), 1726—27 ueneysun sturgun; 194—195 curteysye drurye, 443—444 u. oft trechery felony, 330—331 prisoun lazarun, 757—758 tumberel makerel, in kichín, 2388—89 Godard couenard, 2836—37 eritage utrage.

Wortschatz. Der bereits erwähnte Bestandtheil von Wörtern skandinavischen Ursprungs im lay of Hauelok ist im Verhältniß ziemlich bedeutend. Hierhin gehören im Ganzen 24 Wörter, nämlich bloute 1910, bole 2438 (eher vom Isl. als vom angelsächsischen bullúca), bulder 1790, but 1916, crus 1966, dreng oft, drit 682, frie 1998, gouleden 164, grene 996, (Begierde) grim 2497, kaske 1841, prangled 639, putten 1044, schulle 759, sket 1926, sley 1084 (?), so 933, sowel 767 (?), stor (stark) 2383, sturgiun 753 (?) und sehr wahr=

---

*) Manche dieser Verbindungen führen übrigens, wenn man die Parallelstellen vergleicht, unmittelbar auf den Reim zurück und entstanden wohl nur durch consonantischen Einfluß.

ſcheinlich auch baret 1932 (n. Madden, ober v. barat aus bem Grie=
chiſchen**), beyte 2440 u. teyte 1841 (ober v. testa, franz. tête?).
Die Beſtandtheile romaniſchen Urſprungs ſinb faſt alle aus bem
Normanniſchen entlehnt; biejenigen Wörter, bie birekt aus bem Latei=
niſchen (ober Griechiſchen) ſtammen unb ſchon bem Angelſächſiſchen bei=
gemengt waren, ſinb in bem folgenben Verzeichniß beſonbers hervor=
gehoben, konnten aber ihrer meiſt völlig normanniſirten Form wegen
hier nicht übergangen werden.

Unter ben 153 (156) romaniſchen Wörtern bes lay ſinb

1. 26 Zeitwörter, nämlich:

anuye 1735, assayleden 1862, brisen 1835, closede 1310, couere
2040, crie 2772, desherite 2547, doutede 708, formede 1168, greue
2953, parted 2962, passe 1376, payed 184, preyede 211, priken
2639, regne 2586, salue 1835, saue 2226, seruen 1230, sayse 251,
supe 1765, spusen 1123, tirneden 603, trusse 2017, turne 1315,
tinte 2023.

2. 11 Eigenſchaftswörter, nämlich:

1763 chinche, 2916 curteys, 2511 fals, 2457 feble, 2139 gent, 97
large, 1263 noble, 101 pou (e) re, 138 riche, 2867 seint, 217 tendre,
baju 418 feblelike, 323 pourelike, 421 richelike.

3. 110 Hauptwörter, als:

1264 angel* (1281 aungel), 521 anker*, 222 arke*, 984 armes,
2554 aunlaz, 389 auter*, 2947 barnage, 261 baruns, 1723 beneysun,
574 best, 724 bise, 1192 blame, 187 caliz*, 252 castels, 275 catel,
1317 caysere*, 594 cerges, 2859 cestre*, 1015 chaunpiouns, 360
chanounes*, 2145 charbucle, 676 chartre, 643 chese, 222 chiste,
1728 clare, 33 clerkes*, 1123 cokes* (?), 2286 conestable, 2862
conseyl, 188 corporaus*, 2389 couenard, 270 cri, 1263 croiz, 568
croune*, 195 curteysye, 1685 curt, 558 dame, 446 deuel*, 196
drurye, 1176 erchebishop*, 110 eyr (410 eir), 444 felony, 255 fey,
2269 feyth, 1719 flour, 2499 file, 298 fol, 22 fyn, 2328 gestes,
2553 gisarm, 267 gleyues, 2104 glotuns, 2326 hasard, 430 hermit*,
59 hayse, 662 joie, 263 justises, 710 kables, 585 kandel*, 936
kichin*, 36 kirke*, 573 leoun, 2481 leteres, 758 makerel, 426
malisun, 2559 marz*, 1045 mayster, 827 meine, 96 merci, 186
messe*, 823 mester, 500 miracle*, 360 monkes*, 419 note, 1730
page, 2060 palefrey, 760 paniers, 2132 pappes, 1006 parlement,

**) Diez.

644 pastees, 187 pateyn, 428 patriark\*, 2241 per, 743 place, 134 pleinte (2961 pleynte), 1173 plente, 428 pope\*, 33 prestes\*, 2522 priorie, 330 prisoun, 1728 pyment, 2327 romanz, 2919 rose\*, 2919 roser, 21 rym, 2091 serganz (1929 sergaunz, 2066 seriaunz), 779 simenels, 310 sire, 1762 super, 1641 storie, 2329 tabour, 2323 taleuaces, 448 tour, 312 trayson, 319 traytur, 443 trechery, 1316 trone, 2837 utrage, 1726 ueneysoun, 1264 uoyz, 2067 warant. Außerdem die Präposition Maugre 1789, sowie die oft verwandten drei Interjectionen: Allas, Deus, Dapeit.

## Lautlehre

### a) des angelsächsischen Bestandtheils.

1. **Vokale.** Die im lay of Hauelok vorkommenden Vokale sind: a, e, i, (j als ij), o, u, y, alle sechs sowohl als Kürzen, wie als Längen.

ä entspricht im Allgemeinen dem kurzen, angelsächsischen a, z. B. in dawes, oder dem ä, so in man, laste 678, faste 2148, hwat u. s. w., entsteht aus der angelf. Brechung ea, wie in galle 40, ware 52, halle 1694, alle 2371, in arke, arm, harum u. a., während ern 572, helde 387, bern 571 und erpe 740 nach e gehen, dann aus angelf. eo im Hülfsv. am, in stark 341 und pral 684. Besondere Erwähnung verdient der consonantische Einfluß von folgenden Nasalen oder l, vor welchen ä und ö fortwährend wechseln, oft sogar in derselben Zeile. Beispiele sind u. A.: haldes 1382 neben häuf. holden, baldelike 53 und bold 193, hand 92, 95, 380, hond dagegen 2446 und sonst, engeland 108, 610, engelond 61, 63, strangest 200, strong 443, auch standen und stonden, gangen und gongen. (Fler. b. Verben.) In Verbalstämmen bildet a sich häufig aus den Infinitiv- und Präsens-formen der rebuplicirenden, aus den Prät. Sing. der I. und II. Ab-lautsreihe, mit 2 resp. 4 Ausnahmen. (s. Fler.)

ä ist viel seltener und entsteht durchgehends aus angelf. ä oder eä (wenngleich auch hier oftmals durch ö verdrängt), so in bale 327, wa 465, stra 466, bape 1335, rathe 1336, hal 2370, yare 2788 u. s. w.; dann in maked und schaped. Am Häufigsten zeigt sich ä in den Inf. gewisser rebupl. Verben, sowie in den Inf. u. Part Prät. fast aller der IV. Ablautsreihe angehörigen Verben. Zu erwähnen ist noch der öftere Reim des aus bläc (= schwarz black) mit kurzem Vokal hervor-gegangenen blake auf make, take u. s. w.

ĕ entſtteht ſeltener auß angelſ. ä wie in gres 2698, nese 2450, eper 1882, neper, euere, mehr auß dem angelſ. e, dem ungelauteten ſowohl als dem aus i umgewandelten, ſo in men 1, helle 16, brest 1080, red, neck, reck, end, bed, net, tellen, duellen, ſpelle, beren, stelen und andern Wörtern, in welchem im Mittelengl. ſehr oft Deh= nung eintritt. Eine bedeutende Quelle für e iſt ferner die angelſächſiſche Brechung ëo, wie in herte, yeue 298, shol (d) 489, 624, eherl 682, fele 778, swerd 1759, sternes 1809, self, seluer heuene, ſo auch in angelſ. rebupl. Prät. Durch Contraction entſteht e im Zahlw. ferpe 1810, aus i in renne, brenne und vielen andern Inſinit. der II. und III. Ablautsv., aus a, o oder u in manchen verflüchtigten Ableitungs= ſilben. Beachtenswerth iſt der häufige Wechſel zwiſchen i und e, z. B. im perf. Pron. und im Poſſpron., wie here 371 für hire, ferner in dem Ortsadverb hire 1168 für here, in predde 2633 für pridde, in yeue 298 neben giue, leme 2555 für lime, werchen neben wirchen 510.

ē entſpricht langen, angelſ. Vokalen, ſo aē in lede 89, drede 90, fede 100, mede 2402, blede 2403, del 2502, stel 2503, lere 2592, stede 2640, wede 2641, in wepne, speche, leche, dede, clene, hepene, euene; ferner angelſ. ē, dem Umlaut von ō, in deme, kepe, seche und andern ſchwachen Verben, in fet und teth; dem angelſ. eó, der erſten ū-Steigerung, in deplike 1417, dere 2170, chesen 2147, fend 506, fe 386, knes 451, lef 440, tre 1821, newe, pef, he u. ſ. w., dem angelſ. eá, der zweiten ū-Steigerung, in bem 592, drem 1284, em 1326, strem 2687, ek, pe u. ſ. w., dem angelſ. ū in shrēde 99, dem angelſ. ȳ in here 732. Außerdem findet ē ſich noch in manchen Verbalbildungen, in den Inf. u. Prät. Sing. u. Plur. gewiſſer rebu= plicirender Zeitw., in ben Inf. der VI. und den Prät. Sing. VI. Ab= lautsv. Beachtung verdient der Wechſel mit i in fri 1072 (neben mehrmal. fre).

ῐ entſteht meiſt aus kurzem, angelſ. i, y, wie denn zwiſchen beiden Vokalen im lay nicht der geringſte Unterſchied gemacht wird und der eine ſtets den andern vertritt, vgl. kin 393, kyn 414, lif 349, lyf 480, binden 1961, bynderes 2050, sipes und sypes, giue nebſt gyue u. ſ. w., bann auch die Parallelformen him, hym, mi und my, pei und pey, ſ. Flex. I. In J 168 und Y 21 iſt es durch Ausfall des folgenden c wohl ſchon gelängt, vielleicht auch im Pron. his, wofür mehrfach hiis und hijs vorkommt, ſo V. 47 u. 468. Kurzes angelſ. ῐ vor ht in Wörtern wie knicth, ricth, niht, wiht u. a. ist in Folge des Verstummens des h-Lauts wohl schon gleichfalls lang geworden. ï ist außerdem in den Wörtern with, widuwe, sister und cwic aus u hervorgegangen und im Inf. der I., Präter. Plur. und Part. der V. Ablautsreihe geblieben. Bemerkenswerth ist der Wechsel des ï und ë, so in der Vorsilbe bi für be, in predde und pridde 867, 2633, leme und lime 2555, 1409, werchen und wirchen, drenchen und drinchen 520, 553, (561 dafür sogar dreinchen).

Aus angels. eo ist ï nur in wenigen Wörtern entsprungen, wie in brith 605 und brittene 2700.

ï — dafür ȳ — bleibt für angels. langes ι in Wörtern, wie slike 1157, wike 1158, wide 1844, side 1845, wif, knif, rik, lif u. s. w., erhält sich durchgehends als Inf. der V. Ablautsr., entsteht aus angels. ea in mipe und aus ï durch Contraction im Zahlwort nine.

ŏ entspricht im Allgemeinen kurzen angels. o, entsteht aus ea in hold 64, (h)olde 30, aus ae, ä in noyper, aus i in wole, und sehr oft aus u, mit dem es übrigens fortwährend wechselt, siehe borw 847, worpe 1102, b. Hülfsv. cone und mone, b. gome, sone, somer; shole und sule, sholde und shulde, vgl. Flex. l. — Durch Contraction (aus woruld) bildet es sich in worde 1349 (n. werde).

ō ist viel häufiger, hält sich als angels. ō (II. A-Steigerung) in dom 2487, blome 63, boc 1418, hok 1102, blod, god, mod, fot u. s. w., entspringt aus angels. ā (II. J-Steigerung) in oth 260, loth 261, wo 1744, bone 1659, lof 653, brod 1647, hom, holi, sori, token u. s. w., aus eá in foo 67, slo 1745, aus ú in dore 1788 und entspricht angels. ō, ā, āē in manchen Plur. Prät. und Part. der II. Ablautsreihe.

ŭ entsteht in vielen Plur. Prät. der I. Ablautsr. und aus eo, jedoch mit o wechselnd, in burwe 2870 und wurpe.

ū entspricht angels. ū, wie in hu, nu, tun, brun, dun und angels. eó in yu, yur, sowie eá in loupe.

Ein charakteristisches Merkmal unseres lay ist der fortwährende Wechsel des u mit der franz. Schreibart ou oder gar ow *), wie in tun 1001, toun 1750, town oft; wunde 1980, wounde 1978, hus neben hous; pou 299, nou 328, foule 2044, bour 2077, bowr 2072, brown.

---

*) Einmal findet sich dafür auch ov, in nov, B. 483 nämlich.

Eine zweite Schreibart für u (ober wu) ist w, vgl. wlf 573, wluine 573, wnden 546, swngen, wman 281, pw 1316, yw 453, hws 1141, porw 264, rokesborw 265.

Die Diphthonge des lay sind ai, au, aw, ay; ei, ey; ie; (ou, ow), oy.

au, Diphth. normannischer Herkunft, bildet sich aus a vor Nasalen ober w, so in shauwe 2206, grauntede 1154; ei, ey (ai) entsteht aus lang. angelf. a in swein (swain) 32, ebenso in bleike 470; aus ae in deyle 2099, greipe 1762; aus eó in gleymen 2329. Besonders erwähnenswerth ist das schon genannte dreinchen 561, sowie die Doppelform fleys 216 (neben flesh 2742) aus flaēsc und neys 217 (neben nesh 2743) aus nesc.

Ganz selten sind ye — nur in byen 1624, lye 1999 — und ie, das sich nur in der Nebenform strie 998, aus strä, vielleicht durch standinav. Einfluß umgewandelt, vorfindet.

Hauptmerkmal des lay ist die Reduction der angelf. Diphthonge zu einfachen Vokalen, wie selbige auch das Ormulum und die andern Erzeugnisse des nördlichen Englands, wenn auch in geringerem Grade, vertreten. Jedoch hat sich durch Verflüchtigung angelsächsischer Consonanten, bes. g, h und w zu i, y ober u in unserm lay wieder eine bedeutende Anzahl neuer Diphth. gebildet, so ai, ay, ei und ey durch Ausfall von g und h, z. B. faire 229, fayre 351, faile 179, keyes 1303, sayl 858, tayl 2478, dayes 2353 neben dawes 27; au, ou, aw, ow bef. durch Verflüchtigung von h und w in Verbalstämmen nach a und o, so in aucte, bitawcte, blau, sau 2410; in moucte, mouthe, broucte, browte, wrouth 1352, wrowht 2453; in soule 74, pou, pow 2177, 845; aus w und h zugleich in nouth, nowt, outh u. f. w.

Nach vorhergehendem w und vor folgendem r bekunden die Vokale durch öfteres Schwanken den starken Einfluß dieser Consonanten, z. B. in wasseylen, wesseylen 2098, wosseyled 1737; in den Nebenformen are 27, er 684, or 1356 (angelf. aer), pare, pere, pore; hware, hwere, hwore, s. Flex. l.

Auf die Aussprache der Vokale und Consonanten können wir aus dem Reim und der Affonanz schließen, und die Resultate stimmen mit den von Ellis darüber aufgestellten Ansichten vollkommen überein. Die Aussprache paßte sich damals noch der Schriftsprache an, wie die Reime auf eingestreute, lateinische oder französische Wörter, deren damalige Aussprache feststeht, hinlänglich darthun.

So wurde a wie latein. a gesprochen, selbst nach w, s. b. Reime Was Judas 2512—13, was Sathanas, 1133—34 Judas Sathanas.

i und y hatten denselben i-Laut, wie nicht allein der häufige Wechsel beider, sondern auch b. R. u. A. Ynde, finde 1085—86, riche chinche 2940—41, justise rise 2202—2203, forpi merci 2500—2501 und gar rise zu „bise" (in Anführungszeichen) 723—724, beweisen.

o hatte ebenfalls den lateinischen Laut, vergleiche R. so Domino 19—20.

e hatte dagegen, wie der öftere Wechsel mit i anzudeuten scheint, in der Vorsilbe be, b. Pron. here und dem Ortsadverb here, sich in der Aussprache wohl schon zu i getrübt.

Es kann keinem Zweifel unterliegen, daß die Lautzeichen u, ou, ow, wie sie für einander eintreten und ohne Unterschied verwandt werden, alle nur den reinen u-Laut darstellen und gleich gesprochen wurden, vgl. R. bounden wnden 545—546, unbounden funden 601—602, bowr tour 2072—73.

Von den Diphthongen reimen ai, ay, ei, ey, ohne Unterschied auf einander, s. 110—111, 178—179, 1115—1116, hatten also denselben ei-Laut. au und aw, zwischen welchen gleichfalls Reim stattfindet, s. bitancte awcte 206—207, hatten den au-Laut. Dagegen lautete ein durch folgenden Nasal oder w zu au gesteigertes a wohl wie der reine Vokal, vergl. R. shauwe auf knawe 2206—2207..

Zu den Consonanten angelsächsischen Ursprungs sind zu rechnen die Gutturale k, c, g, h; die Palatale j; die Linguale l, r; die Dentale t, d, th, p, s, z, n und die Labiale p, b, f, v (u), w, m.

b findet sich vor in Verdoppelungen, in den Verbindungen bl und br, sowie auslautend als mb.—p entspricht ganz dem Angels., doch ist Part. parred 2439 (wohl statt sparred) hervorzuheben.

Für den k-Laut finden die Zeichen c, k, ck, kk und ch Verwendung.

c und k stehen vorzüglich an- und auslautend, und werden fast ohne Unterschied verwandt, mit der Maßgabe jedoch, daß vor den Vokalen e, i, y (mit Ausnahme von milce — aus angelf. ds — 1361 und cestre — aus anglif. castra — 2607) wohl nur k eintritt, vergleiche casten 519, aber kesten 81, rike 290, dike 2435 u. s. w. Der Grund scheint gewesen zu sein, daß vor diesen Vokalen c schon den Zischlaut angenommen hatte. Vor Consonanten, vorz. Nasalen, wird im Ganzen mehr k verwandt; sonst findet sich aber corn, koren 462, cold 449, kold 416, cok 967, 903, kok, cope 1967, kope 429; folc 275, folk 438, quic 2210, quike 1348, crakede 568, kraken 914. Inlautenb, bef. vor Flexionsenbungen, wirb angelfächfifch c nach langen Volalen burchgehenbs zu k, nach kurzen zu ck, wenngleich als Plural v. stikke neben stickes 914 auch stikes vorkommt. Angelf. cc wirb meist zu ck ober kk, vgl. picke 1172, wicke 1192, necke 2046, recke 2047; wikke 2458; baneben aber poke 780, wike unb leche 1836. ch tritt fehr oft vor Volalen für angelf. c ein, fo in child 575, cherl 682, biseche, ohaffare 1657, chapmen 51, wechfelt jeboch fehr häufig mit k, mit bem es auch zufammen reimt unb hatte bemnach ficher ben k-Laut, f. bitaken unb bitechen, michel 121 unb mikel 122, riche 133 unb rike 290, wirchen 510 neben werkes, speche unb speken, biseche u. biseken. In V. 132—133 reimt like auf riche.

Ganz bemerkenswerth ist bas Eintreten von k für t (th), wie in make unb Kayn (f. Thayn).

Statt qu fteht c in couth (= quoth) 2606.

g fteht auslautenb nur noch fehr felten, wie in big 1774, rang 2561, inlautenb meist nur, wenn burch Confonanten gefchützt, f. strengpe 990, bringen, verftärkt fich aber felbst in biefem Falle noch gerne burch ein unorganifches h, wie in bringhe 65, thinghe 66. Die häufige Verboppelung gg entfteht meist aus angelf. cg, wie in ligge 876, brigge 875, pigge 1371, wegge u. f. w. Am Enbe ber Wörter, bef. in ber Silbe ig, ift g meist ausgefallen, f. sori, bodi, holi, sti, als Inlaut ebenfalls im Zahlworte nine unb vor th in eper, oper, hweper.

h beharrt zwar als Anlaut im Großen unb Ganzen, inbeffen verfehlt bas ftumme franzöfifche h feinen Einfluß auf bas fächfifche nicht. Das beutfche h ift unterbrückt in ben Worten epen 690, auelok 503, osed; in is (Pron.), as, aueden (Hülfsv.), unorganifches h bagegen angefügt in heuere 17, helde 128, his 279 (= ift) b. Pron. hure 338, hus 1217; her 229, herles 883, henglishe 2945, fogar hof 1976, hi unb hic 487, 304, hit. Inlautenb fteht h unorganifch in perhinne, in newhen 1866 unb lauhwinde 946. Auslaut. h fällt ab in fe 386, slo 849. H als Anlaut in ben Verb. hl unb hr ift verfchwunben; über hw f. unter w.

g fowohl wie h verwanbeln fich oft in confonantifches w, wie in dawes 27, lawes 28, galwetre 695, berwen 697, morwen 811, fawen 2160, drawe, sawe, slawe u. f. w. Angelf. ht bleibt felten, wie in riht 1826, brihte 2610, nouht 2051, niht, tauhte, fonbern entfaltet fich zu einer außerorbentlichen

Menge von zum Theil ganz sonderbaren Consonanzen, so knict 32, lict 576, knith 87, 458, lith 585, rith 420, bouthe 968; knicth 77, micth 35, wicth 344, nicth 575; nicht 533, auchte 1223; aucte, awte, awthe. In mehreren Fällen, z. B. laute und doutres 717, ist h ganz fortgefallen. Alle diese aus ht hervorgehenden Consonanzen reimen ohne Unterschied auf einander, vgl. B. 575—576, 703—704, 2010—11, 2452—53, 2716—17, 2810—11 u. f. w. müssen mithin bei den verschiedensten Combinationen dieselbe Aussprache besessen haben. Vergleicht man alle diese Consonanzen unter sich, so wird man bei Berücksichtigung des öfter hervortretenden, reinen t nicht zweifeln dürfen, daß dieser Laut der bloße t-Laut war.

f kommt sehr oft als An = und Auslaut vor, so in falle, fare, knif, lif, wif, inlautend aber nur zwischen Consonanten und in oft unmotivirter Verdoppelung, wie offte 304, offe 435. Angelf. f und w vertritt v in svich 60, sonst aber in der Schreibung u, vgl. leuere, siluer 357, selue, ouer, euere. w ersetzt angelf. f in hawe 1188, welches mehrfach auf Wörter auf aue reimt, weshalb wir auf einen breiten Dialekt unsers Dichters zu schließen berechtigt sind. Consonant. w vertritt sehr oft der Vokal u, s. duelle 4, dwellen 1185, suereth, sweren 647, 494, bitnene, bitwene 748, 2976, sueyn, sweyn 343, 273.

Als Anlaut hat angelf. hw sich erhalten in hwo 368, hwat 596, hwil (e) 363, 722, hwere 549, hwel 755, hwore 1349, hwit (white) 1729, hweper 2098 und hwau 2946, hwan und ist in hwat (quoth) einmal für qu eingetreten. h ist dagegen abgefallen in wo 1914, wat, wider, with 48, weper, warp 1061.

Von den Dentalen steht d, außer als Anlaut, besonders in Verdoppelungen und als Auslaut in den Verbindungen nd, ld. In letzterem Falle ist es in hel, bihel, shel 489 (b. sheld 1653), hon 1342 (auch hond), gol, an 2396 fortgefallen, war also wohl schon durchgehends stumm. Für t steht d in prud 302 und im Pron. id 2424, dann im Gen. Roberdes, für die Aspirata in fadmede 1295, middelerd 2244, birde 2761; th und p werden in Flexionen vor d diesem assimilirt, s. cladde, clad 1354, 2889, Dagegen steht t an Stelle von d in odrat 1153, strout 1039, ant 557; von th in quot 1954, wit 215, 700, wituten 247.

In der schwachen Flexion wird d nach ch, f(u), p, s zu t, vergl. unten. Ganz fortgefallen ist t in best u. spen 1819.

In der Verbalflex. assimilirt d sich stets folgendem t, und im Part. der regelm. fügt sich statt ed oft et an, siehe unten.

Eine bloße Schreibart für t ist th, das sich, außer in den aus ht hervorgegangenen Consonanzen noch in neth 700, 808, goddoth 642, greth 1025, leth 252, lauth 1988, outh 703, nie jedoch von Flexend. findet. Die Aussprache dieses th ist von der des t natürlich nicht verschieden. Für tt findet man in ähnlicher Weise sogar tht. pt. Die Aspiraten der dentalen Reihe stellen th und p dar, wohingegen die dritte angelf. sich nicht mehr zeigt. Ein Anklang an diesen weichen Zischlaut mag in quodh 1800 zu finden sein.

p steht mehr als Anlaut, th als In- und Auslaut, doch ist die Verwechselung beider so durchgreifend, daß selbst im perf. Pron. p als Anlaut nicht ganz rein erhalten ist. Parallelformen dieser Art sind z. B. blithe 1277, blipe 632, with 1220, wipe 1051.

Für t steht die Aspirata in der Präp. po 395, für d in rathe 1335, rape, rothe (rede 361); eingeschoben ist sie in alperbeste, siehe unten. Mit s wechselt th in der 3. Perf. Sing. Präf. Ind.

m findet sich in summe und durch Assimilation in lemman 1283 (leman 1191) und wimman 1139 verdoppelt; in hemp 782 ist m für angelf. n bereits eingetreten. Letzteres steht besonders oft in Verdoppelungen, wie henne, penne, kunneriche 2400 u. f. w., die durch Ausfall von Zwischenvokalen entstanden sind. Erwähnenswerth ist die hier häufige Metathese, f. wepne 89, milne 1967, maydnes 2222, blakne 2165, wakne 2164. Eine Vereinfachung zeigt sich in kunrik 2143, perine.

Liquida l steht, wie im Angelf., sehr häufig in der Verb. ld, f. oben, ist aber ausgefallen in werd, worde (weorold) 1290, 1349, in den Hülfsv. shode und shude. wode 1079, 951, was auf das Verstummen des l in diesen Wörtern hindeutet, endlich in euerich und as. Anlautend ersetzt l das angelf. hl in louerd 96, leuedi 171, lof 653, lode 895, lowe 1291 (v. hlāw), im Verb. lowen, lauhwinde und in lepe. — r fällt aus in speche, speken und einmal (wohl aus Versehen) in douthe 1079. Als Anlaut ersetzt es angelf. hr in ring 1632, rig 1775, rowte 1911 und rof 2082. Metathese tritt ein in pral 684, sholdres, sistres 1647, 2395 und in wirchen, wrowht.

Zischlaut s entspricht im Allgemeinen dem angelf. s, vertritt aber p im Art. se 534. Angelf. sc ist mehrfach erhalten, so in scabbed 2449, scape 2006, scuten 2431, bildet sich jedoch durchgehends zu sh und sch um, welche beide selbst in denselben Wörtern mehrfach wechseln. Beispiele sind shame 83, shrud 303, fishere 524, fish 751, ship 706, shirte 768, dishes 919, sheld 1653, flesh, nesh u. f. w.; schireue

266, schrifte 1829, schal 21 (unb oft shal), sche 1721, — she 175, scho 126, sho 125, 288. Selten ift sk, bas auf ſkanbinaviſchen Ein= fluß beutet, unb wohl nur in asken 2841 vorkommt.

Bloßes s entſteht aus sc in fleys 216, neys 217, sal 628, sule 2419. Auslaut. erſetzt s bas angelſ. th in broys 924. Bemerkens= werth ſinb noch bie Conſonanzen cruhsse, frusshe 1992, 1993, qu vertritt ſonberbarer Weiſe im Altengliſchen öfter hw, ſo in quanne 286, qual 753 − hwel 755 — qui 1650. Jm Allgemeinen ift qu für angelſ. cw eingebrungen, wie in quodh 1800, quen 2760, quik 612.

j finbet ſich als Conſonant nur in Frembwörtern, in welchen es, ba letztere ſchon zur Zeit bes Angelſächſiſchen einbrangen, oft mit h verbunben ſteht, um anzuzeigen, baß es ben norm. Ziſchlaut nicht theilt, ſ. Jesu, Jhesu.

Das ſeltene x ſteht lax 754, ax 1894 unb hexte 1080, hier für hst. z ſteht nur im Eigennamen lazarun 331

## b) Lautlehre bes normanniſchen Beſtanbtheils.

Die Wörter normanniſchen Urſprungs verrathen im Allgemeinen nur geringe Verſchiebenheit von ben urſprünglichen norm. Formen.

u hatte wohl noch nicht ben franz. u-Laut, inbem es zu oft mit ou wechſelt, ſ. leun, leoun 1867, 573, baruns 261 nebſt barouns u. ſ. w. Dagegen kann man ben beiben Conſonanten c unb g, ſchon wegen ber für bieſelben in angelſ. Wörtern bekunbeten Vorſicht, mit Sicherheit ben Ziſchlaut beilegen. Auf Einfluß bes angelſ. Elements ſcheint hin= gegen ber häufige Wechſel von i unb y zu beuten, vgl. sire 310, syre 1229, gleiue 1770, gleyues 267, rym 21, fyn 22 —, ferner zwiſchen ben Diph:h. ai, ei unb ay, ey, oi unb oy. Für a tritt vor einem Naſal ſehr oft au ein, ſ. aungel 1281 (angel 1264) aunlaz 2554, sergaunz 1929 (n. serganz). Für auter ſteht awter. f finbet ſich für v in file. Norm. u erhält ſich für v in uoyz, ueneysoun, seruen, salue. Bemerkenswerth ift ber öftere Wechſel zwiſchen cerges unb serges 594, 2125, ein anberer, ſicherer Fingerzeig für bie Ausſprache bes c. Für g ſteht i in serianz. n ift in charbucle ausgefallen. z ift als romaniſche Caſusenbung mehrfach erhalten, wie in romanz, aunlaz.

Die bemerkenswertheſten Enbungen außer z ſinb enthalten in cor- poraus; palefrey, fey; storie, priorie; drurye, curtesye; trechery, felony; pastees; couenard; barnage, utrage; angel, castels, anker, caysere; charbucle, conestable; justises, kichin, pateyn; parlament, pyment; roser, taleuaces; traytour, tabour; warant; prisoun, benison, leoun, glotons.

### Flexionslehre.

Deklination. Die vollständige Deklination der angelsächsischen Substantive ist in der Sprache des lay of Hauelok sehr zusammengeschrumpft, die Endung ist meist nur im Plural und Gen. Singular erhalten, falls letzterer nicht durch die Präp. of gebildet ist. Von der angelsächsischen schwachen Deklination findet sich nur noch ein sehr geringer Rest in einigen Pluralen auf en, vielleicht auch im Plur. sternes (angelsächsisch steorra).

Der Nom. Sing. endigt meist auf e, doch schwankt sogar bei demselben Subst. der Gebrauch. Genitivendung ist es, s. engelondes 63, kinges 258, is dagegen in seis 321. Der Dativ fügt oft ein e an, ist jedoch ebenso häufig unveränderlich. Andererseits werden schon sehr häufig Genitiv und Dativ ohne jede Flexion durch bloße Vorsetzung der Präp. of, to und til gebildet. Ein unregelmäßiger Dat. Sing. findet sich in hend 1412 als Rest angelsächsischer starker Deklination. Der Vokativ endigt meist auf e, s. louerde 228, doch auch louerd.

Der Plural fügt meist es an, s. lawes 28, burwes 55; einige wenige, wie bedels 266 und die Subst. normannischen Ursprungs, so paniers 760, baruns 261 haben ein bloßes s. Reste der angelsächsischen schwachen Flexion finden sich in loken 429, eyen 1340, eyne 680, 1364 (eyn 2171), hosen 860, shon 860, siden 371, children 445. — ladden 1038, shuldren 982, widuen 79 haben die regelmäßigen Nebenformen laddes 890, sholdres 1647, widues. Neben brothers steht brepren 2413 in derselben Bedeutung. Spuren angelsächsischer starker Plur. sind erhalten in fet 616 (v. fote 1199), gees 702 von gos 1240, men 1, 2 von man (zwar auch B. 390 men als Sing.), hend 2444. Auf e geht der Plur. pinge, pinghe aus B. 71, 66. — Unveränderlich sind die auf s auslautenden Wörter, s. pe burgeys 2012, ferner die Thiernamen shep, neth, swin, hors 1222—28, fish 762.

Plurale mit der Bedeutung des Singulars sind galues 687 und shres 857.

Geschlecht. Das Geschlecht der Substantive ist, wie im Neuengl., schon das natürliche, insofern alle leblosen Wesen als Neutra betrachtet werden, s. Lincolne it 848, Engelond it 1309, storie it 1734—35,

dore it 1792. deth dagegen erſcheint B. 352—354 perſonificirt und
hat demgemäß das männl. Geſchlecht.

Sehr häufig ſind Zuſammenſetzungen von zwei Subſtantiven, z. B.
dedebondes, messe gere 188, messebok, wobei der erſte Theil faſt ſtets
ein e, vielleicht Genitivzeichen, anfügt.

Der beſtimmte Artikel pe iſt in perl 178 vor folgendem Vokal
apoſtrophirt. Der unbeſtimmte Artikel a ſteht vor Conſonanten, an vor
Vokalen und h, aber auch wohl vor Conſonanten, vergleiche an mikel
sorwe 238.

Die Adjective erhalten im Gegenſatz zu den Subſtantiven im
Plural meiſt ein e, welches ſich auch durchgehends dem Gen., Dat. und
Vok. Sing. anfügt, vgl. Gen. of ferne 2031, Vok. dere 839, 1213;
Pl. gode 1, manie 244, newe 263. Dies e ſteht im Nom. Singular
dann, wenn der beſtimmte Artikel oder ein Poſſeſſivpronomen voraus-
geht, fehlt dagegen meiſt, wenn das Adjectiv dem zugehörigen Subſtantiv
folgt, ſ. ores god 711, clutes ful, unwraste 547, stronge kables
and ful fast 710. -- Oft ſtehen Adjektive mit dem beſtimmten Artikel
und dem pluralen e als Subſt., ſ. pe riche, pe pouere, pe halte and
pe doumbe 543, pe Henglishe and Denshe 2945. — Ein Reſt angelſ.
ſtarker Flexion zeigt ſich im Plur. von al, Nom. alle, Gen. alper,
ſ. alperleste 1978, 2666, alperbest 182, 720.

Steigerung. Der Comparativ wird gebildet durch Anfügung von
(e) re, ſ. 1193, 1893, der Superlativ durch Anfügung von este, ſ. 9,
25, 281, an den Stamm. Unregelmäßige Steigerung zeigen die Adjektive god, Comp. betere 696, Sup. beste 87; yuel, Comp.
werse 1100, 1134; lytel, C. lesse 1830, S. leste 1978, 2666; late, S.
last 678; michel, C. mar 1971, more 793, mo 1742, S. meste
233, moste 423. Ein Anklang an franz. Steigerung ſcheint der Ausdruck
pe moste swike zu ſein.

Die Adverbien werden aus den entſprechenden Adjectiven, ſei es
durch Anfügung von like, wie in hertelike 1347, hetelike 2655,
wislike 274 oder von e, wie heye 43, faste 537, faire 224, loude
96, longe 172, betere 109, lowe 2079 hergeleitet; bemerkenswerth iſt
jedoch Adv. heyelike 1329, das beide Formen zu vereinigen ſcheint.
Andere Adverb. unterſcheiden ſich von den entſprechenden Adjectiv. auch
gar nicht, ſo ful 7, al 34, quik 612 u. ſ. w. Ein Genit. tritt als
Adv. auf in liues (lyues) 1003, 2854, 1307.

Die Ortsadverbien sind hwar (hwer, hwor) 549, 1349, wider 1139; pare (per, por) 2481, 737, 741; pider 850, 1180; penne und pepen 1185, 1195, 2498; here (hire) 689, 1168, hider 868, henne und hepen 683, 843, 2727. Die bemonstrativen von diesen haben zu= gleich auch relative Bedeutung. Zusammensetzungen dieser Art mit Präpositionen sind zahlreich, z. B. herine, perof, perout, perfore, pertil, perwit, perfram, perbiforn, perto. — Die Adverbien der Zeit werden zum Theil gleichfalls mit Präpositionen gebildet, vgl. to-day 426, to-morwen 810, to-nicht 533.

Die persönlichen Pronomen sind J (Y) 168 u. s. w. Jc 298 (ihc 1377, Jch 3 ; pu 486, thou 560 (pow 845, pw) und tow in Verbindung mit Verben; he, she 175, sho 125, 288 (sche, scho); it 306. — Accus. me 486, pe 1123; him, hym 30, hem 2783, hire 285; it.

Räthselhaft sind die beiden Formen ys und as, B. 1174 und die Form es in Verbindung mit Verben, als dones 970.

Pl. we, ye 11, 12, hc 56, 176, pei 414, 1020, pey 1837, Accus. us 1226, you 3, 2993 (yow, yw) ; hem 38, 1696. Der Dual ist bis auf den Gen. Unker B. 1882 verschwunden. — In Verbindung mit dem persönlichen Pronomen findet sich öfter self und zwar mit dem Accus., z. B. youself 2425, 2595, God him selue 432. Die sonderbare Vereinigung des self mit dem Poss. zeigt sich aber bereits in miself 2042.

Die Possessivpr. sind mi 170, min 636, mine 295, pi 676, pin 1228, pine 619, his (hiis) 28, 468; hire|85. — Pl. ure 596, y(o)ure 2067 u. s. w., herc 371, 954. Die Scheidung des adjectiven vom substantiven Possessivpron. läßt sich deutlich wahrnehmen, die Formen mine, pine werden aber noch in beiden Eigenschaften verwendet, s. B. 295, 1365.

Die Demonstrativpron. sind a) pat (tha) 3, 42, 45, Plural pat (that) 539, 1299, pa 175, b) pis 260, 1337, Pl. pis 1145, pise 248.

Die Relativ= (und Interrogativ=) Pronomen sind (außer dem rel. pat) hwo (wo) 296, 368, 172, 1914, verallg. who (wo) so 1033, 473. Accus. wom so 197; für Sachen hwat (wat) 541, 596, 1930.

Hier sind ferner zu erwähnen ope(r) 1122, 1986, Pl. opre, oper 2413, 1768 (pe opere 1832); ani 10; na, non 518, 2530; wicth, wiht u. s. w. (angels. wiht) 97, 1763; outh (â viht) 1189, nouth, nowt u. s. w. 166, 578, 1733 (n-â víht), ayper und eper 2665, 1882; noyper, noper u. s. w. 2970, 2623; ilk 1087, (ilc oper 1056); ilker 2352; ilkon (ilkan) 1842, 1770; (il man, il del !740, 2909); mit euere (aefre) in euereilc 1330, euerilkon

1062; eueri (del) 1176; euere-ich 137; yunder 922 (geond); swilk (suilyc) 2783, svich 60; sum 1843, Pl. summe 1844; somdel (sumdel) 240, 450; onlepi 1094 (anilepig).

Die vorkommenden Carbinal-Zahlwörter sind on (e) 815, 425 (oune (?) 375); two 350; pre (thre) 1969, prinne 716; foure 816; fiue (fyue) 213, 1205; sixe 2788; seuene 2125, nyne 871; ten 871; tuelf, twel 192, 1054, 2455. Die Zahlwörter von 10—19 werden mit tene gebildet, also fiuetene 2979, sixtene 890, von 20—90 mit ti, ty, f. tuenti (twenti) 259, 1846, fourti 2344, fyfty 46, sixti 2965; — hundred 213; thusand, pousande, pusend 2371, 2355, 127.

Bemerkenswerth ist die Verbindung sixti and ten V. 2026 für 70. Zu erwähnen sind auch die Ausbrücke fiue hundred sipes and fiue 213, sixti men and on 1918.

Die vorkommenden Ordnungszahlen sind nur wenige, etwa firste 1052, pridde (predde) 867, ferpe 1810, fifte 1816, sixte 1820, seuenpe 1825; seuentenpe 2559. Bildungssilben sind also te und pe.

## Zeitwort.

a) Inf. be, ben 19, 1229.
Sing. Präf. am 790, 167; art 527, are 1628; is, beth 1260, bes 1744; Plur. aren 161, 464.
Conj. be 124.
Prät. S. 1, 3. was 63, 240; 2. wore 684; Pl. woren 448, ware 400, were 28, wore 237.
Conj. wer (e) 77, 133, 128.
Imp. S. be, Pl. bes 2246.
b) Die Präterito-Präsentia.
Pr. S. kan 914, canst 846; kan 104; Pl. kunne 435; Conj cone 622.
Prät. coupe (cowpe) 93, 112, 1854 u. f. w. regelm.
Part. kid 1060.
sal, schal, shal, shol 628, 117, 21, 1782; shalt, shal 392, 685; shal; Pr. Pl. shul, shole (n), sule 328, 1788, 562, 621, 1127; Prät. sholde, shulde 1137, 198.
wile, wille 4, 492, 169, wole 494; wilte (?) 528; wile. Pl. wilen.
Prät. wolde 798, wode 951 u. f. w.
Part. wold 1932.

Präf. S. may 1437, mayth, mayt, magth 641, 845; may 172, moun 2587; Pl. mowen 11, 12, moun 460.
Conj. mo 334, mowe 175.
Prät. mithe u. f. w. 72, 233, 855, 720, 1059 und mouchte, mouthe, mowte u. f. w. 147, 210.
Prät. durste(n) 65, 1866.
Prät. douthe 833, 1184.
Prät. pur(f)te 10.
Prät. awcte (auhte) 207, 2800.
Präf. mote, Pl. moten 19, 18, 1743.
Präf. wot, woth 119, 213; wost 582; woth 2527, Pl. wot 2803.
Prät. wiste regelm. 115, 1184. — Part. wat 1674. — wite Imperat. (witon) mit folgendem Conjunctiv, 19 und oft, wohl schon als im Altenglischen nicht mehr vorhanden angegeben.

Starke Conjugation.

1. Den in früheren Zeiten und noch im Angelsächsischen theilweise reduplicirenden B. entstammen fonge 763, falle, gangen (gongen, gon) 370, 855, 1057, 113, halde 2308, hangen 335, dazu die Prät. fel 616, fellen 1303; underfong 115; hel(d)109, 820, helden 69 (bihel 1645, bihelden). Part. fallen 2658, halden 2806. b) Angelsächsisch ä, eó, ä: blawe 587, knewe 1402; Prät. kneu 2468 (Pl. knewen 2149); Part. het 2348. — knawed 2057 ist schwach geworden. — Comp. bihoten 564. c) Angelsächsisch ē, äē, ē: graten 329, laten 328; Präf. slepes 1283; Prät. gret 2159, lete 92, 314, slep 1280, Pl. slepen, greten und graten, let und leten; Part. i groten 285, graten 241, late(n) 240. d) Angelsächsisch eó, eá: bete 1899, loupe 1801; Prät. lep 891 und greu 2333 (Pl. lopen, beten); Part. britten 2700 und to-hewen 2001.

2. Ablautende Verben, I. Klasse angelf. i, e; Prät. S. a, ea, Pl. u, Part. o, u — biginnen, bynde u. f. w. 2016, blinneth 329, dinge 215, drinke 1728, brennen 916, finde 220, helpen 1712, renne 1161, ringen 242, singen 243, swinken 798, wringen; Prät. bigan 230, bond 537, funde 49, ran 216, swank 788 und sprong 91; Pr. Pl. bigunne(n), blunne*) 2670, bounden (bunden) 2442, 2436, funden 56; Part. holpen 901, bounden (bunden) 545, 1428, dungen 227, funden 1427, rungen 1132, sprungen 1131, swngen 226,

---

*) Im Text steht blinne, der Reim aber weist auf die Form blunne hin.

wrngen. — Prät. Pl. dunten 2448 ist schwach geworden. — Aus angelſ. eo, ea, u, o entſtehen berwen und burwe 1426 und 2870, worpe (wurpe). Prät. barw 2022, fauth 1990, Pl. fouhten.

II. Klaſſe angelſ. i; Prät. S. a, ae; Pl. äë, Prät. u : bere(n) 378, breke(n) 914, 1900, comen (komen) 1001, 140, drepe 506, nim 1336, speke (n) 3-6, swere (suere) 487, 189, dazu die Prät. bar 557, drop 2229, kam 451, com 777 (kam 766, kom, cham 1873), nam 900, spak 678, shar 1413. swor 398; Pl. broken 1238, komen 1012, nomen 2790, spoken, speken 372, 1068; Part. boren 1878, born 461 (geboren), comen 116, nomen und numen 2265, 2581, (wel)kome 1213, speken 2369, to-torn 1948.

III. Klaſſe angelſ. i; Pr. a, ae; äë; Part. e, i: bidden 529, eten 1717, gete 830, yeue und giue 2880, 298, lye 2109, site 2709, se(n) 232, 168, pigge, wreken 327; dazu b. Prät. bad 165, et 1879, gat 730, yaf 256 und gaf 218, yef, lay 142, say 881, saw 476; Pl. beden 2774, gaten und geten 2934, 2893, gouen 164, leye 1964, seten 1766, sawen und sowen 2255, 957; Prät. eten 657, gyue(n) 365, youen 224, 2488, sene 656, wreken 2368.

IV. Klaſſe angelſ. â; ô, ó; à: drawe 1297, faren 1631, graue 613, slawe, stonden 689, take 2180, waken 630; dazu b. Prät. drow (drou) 942, 705, for 2382, low 903, slou (slow) 501, 1807, stod 277, shop 1101 (?), tok 114, wok 2093 und wex 281; Plur. drowen 1837, foren 2380, lowen 1056, slowen 2427, stoden 1037, taken, token 1833; Part. drawen 1769, grauen 2528, slowen und slawen 2414, 1928, und slayn 1428, taken und token 2857, 260, waxen 302, — shaped 424 und waked 2999 ſind ſchwach geworden.

V. Klaſſe angelſ. i; â; i, i; dazu: abide 1797, arise 205, bete 1899, bite 1731, riden 10, rise 723, smite 1854, priue 280; Prät. drof 1793, grop 1776, ros 1955, shon 2144, smot 1823; Plur. bet (en) 1876, driue 1966, gripen 1790, smot 1843; Part. driuen 2599, shriuen 227, writen 2481.

VI. Klaſſe angelſ. eó, Prät. eá; Pl. u; Part. o: bede 1665, chesen 2147, fleye 1791, Prät. S. clef 2643, fley 1305, shof 892 und wohl carf; Pl. chosen 372, shoten, scuten (schoten) 1838, 1864, 2431, der Part. forlor(e)n 580, 770.

Bemerkenswerth sind noch die Reste yede, yeden 765, 890 (eode), Prät. gart; brayd 1282 (?), crepe und leye sind schwach gewordeu.

Die Bildungsfilbe für das Prät. der schwachen Verben ist im Allgemeinen, wie im Altenglischen überhaupt, für das Prät. ede, eden und ed für das Part. — Der Bindevokal e fällt nach angelf. Vorgange in gewissen Fällen aus und entstehen dann mehr oder minder unregelm. Bildungen, wie z. B. a) nach Verben mit langem Stammvokal, vergl. demen 2467, Prät. Pl. demden 2620, Part. demd 2488; seyen, seyde 49; drede, dredde, dredden 2289; fede 100, fedde 420, fed 657; leden 245; ledde 785, led 2827; here 1640, herde 867, herd, ähnlich leyen, spede, fle, rede. Dabei geht das ohne Bindevokal angehängte d noch nach den Confonanten ch, f(u), p, s, t in t über, f. bileue, bilefte 2963; awe zu aute, awcte u.f.w. 743, 2173; b) d wird ferner ohne Bindevokal angefügt nach Doppelconfonanten, vgl. kalle 1358, kalde 1396; brenne 1162, brenden 594, brend. Auch hier findet die eben angeführte Regel Statt, f. sende 523, shende 1422, wende, Prät. sente 1133 (sende 358); shente 2749, |went 2450; Part. sent aber shend 2845, wend 2138; ähnlich kippe, casten, cleue, reuen, grete, putten.

Nach angelf. Vorgange findet bei Verben dieser Art auch Rückumlaut Statt, f. seken und biseche 1626, selle, tel (le), werchen bitechen, Prät. southe 1085, solde 699, Part. wrouth 1352. — Besonders erwähnenswerth sind außerdem die Verben mak 1441, Pr. made 38 und makeden 554, Part. mad 1329 und maked 5, 58; bringe 72, Prät. brouth, broucte 84, 332, Part. brou (c) th, browt 57, 167; byen 1624; bouthe 875; bouth 883; coupe 1800, Part. keft 2005; pynkes 2169, thoucte, thoute, powthe u. f. w. 443, 691, 1869; Präf. claddes 2907, Prät. cladde 1354, Part. clad 2889 neben clopede, cloped.

Die regelm. schwachen Verben bilden demnach ihr Prät. auf ede, ihr Part. auf ed. — Die erste Person des Präf. Jnb. endigt durchgehends auf e, so in spelle 15 u. f. w.; die zweite auf s und auf st, vgl. pou etes 907, getes 908, slepes pou 1283; pou sest 534, seyst pou 2008. Eigenthümlich sind auch Singularformen auf en, wie J taken 518, pou dwellen 1351; die dritte Perf. geht auf es und auf eth aus, f. penkes 306, blenkes 307, ringes 390; helpeth 166, maketh 307, standeth 321, in seltenen Fällen auch auf et, vergleiche hauet 564 (sayt 647). Die Pluralendungen auf e und en werden ohne Unterschied verwandt, s. we dwellen 1058, ye comen 1680; ye knewe 1402 u. s. w. Selten ist die Endung eth, wie ye bringeth 2425, calleth 745. — Das Conjunct. Präf. ist unveränderlich, selbst in der 2. Person, s. pat pou suere 388, pu understonde 1159.

Die erste Person des Prät. Sing. enbet meist auf e, die zweite auf s, wie pou reftes 2394 oder auf est, wie leidest 636, die dritte gleich der ersten, doch findet sich makeden 554. — Die starken Verben, welche im Angelsächsischen in der 1. und 3. Person Prät. S. den reinen Stamm zeigten, in der 2. aber auf e ausgingen, nehmen im lay of Hauelok in der 1. und 3. meist schon ein e an, s. sawe 473, bere 974 (wohingegen auch stirt up 398, saw 476, stod 476) — während die 2. Person allerdings fast stets das e beibehält, vgl. pou bede 668, toke 1216, slowe 2069 (pou bihetet 677.) Die Plur. Prät. bei starken wie bei schwachen Verben gehen auf en und auf e aus, s. brenden 594, yede 101, blunne, lye u. s. w.

Der Imperativ zeigt im Sing. bei kurzsilbigen Verben meist den reinen Stamm, s. ris up 584, lith 585, sit 922, nimmt bei langsilbigen dagegen durchgehends ein e an, s. loke 597, bileue 1228, take 446, late 1376. Erste Person Plural hat ähnliche Bildung, s. til 14, late we 1883, die 2. Person schließt in der Regel mit den Silben es oder eth, et, s. lipes 1400, comes 1798, folwes 1885; yeueth 911, cometh 1885; herknet 1. Der Infinitiv enbet auf en und auf e, wie falle 39, bynde 41, ride 347; riden 10, drinken 15, maken 29, daneben findet man Infin. winnan und hoslon.

Das Part. Präf. fügt nde — inde, ende, ande — oder ing an, letztere Endung bezeichnet indessen mehr das Verbalsubst. Beispiele sind starinde 508, fastinde 865, lauhwinde 946, plattinde 2282; driuende 2702, gangande 2283; wringing 235, spusing 1164, dwelling, harping, piping, skirming, wrastling 2323—25, puttingge 1042. Das Part. Prät. enbigt bei den schwachen Verben durchgehends auf ed, auf et aber in grethet 2615, slenget 1923 und einigen andern; die Schreibart eth findet sich dafür weddeth 1127, beddeth 1128. Infinitiv sowohl wie Part. Prät. treten sehr oft mit einem i oder y als Compositionssilbe verbunden auf, s. i-here 11, i-lere 12, i-maked 5 u. s. w.

Von ausgedehntem Gebrauch ist die Contraction der Verbalformen mit folgenden pers. Pron. unter gleichz. Schwächung des Endvokals, s. biddiyou 484, wilte (?) 528, 1135, thenkeste (?) 578, wiltu (?) 681, shaltow 1322, wenestu 1787, youenet 1643, hauenet 2005, bann doneson 970.

Die zusammengesetzten Zeiten, ebenso wie die Zeiten des Passivs werden dem heutigen engl. Gebrauche analog gebildet, die erstern bei intransitiven Verben jedoch mit haue und ben ohne Unterschied. Futur und Conditionalis werden ebenfalls durch shal und wil, resp. sholde und wolde dargestellt, jedoch ohne daß diese beiden Hülfsv. in der Anwendung scharf getrennt werden.

Periphrastische Conjugation findet sich in he cam driueude 2702, Gerundiv-Constr. in he was to preyse 60, fir on brenne 1239. — Reflexive Verben sind häufig, s. 497 bigan him forto rewe, rewede him; he drou him; dred pe 2168, so 785, 815, 1169, 1354. Ebenfalls häufig sind unperf. Verben, s. 696 betere us is, 1652 betere semede him, 654 him hungrede, 1165 hire likede, 1290 me pouthe, 1304 me dremede.

Wie im Angelsächsischen sind Compositionen von Verben mit vorhergehenden Präpositionen häufig, so bifalle, underfonge, ouerfare, utdrowen und unbiyeden 1842, utbidde 2548. Erhalten sind auch aus dem Angels. withsitten 1683 und at-sitte 2200, in derselben Bedeutung. to kennzeichnet stets ein Zerstören, so to-tere, to-hewen, die Richtung nur einmal in to-yede.

Die Präpositionen entsprechen außer dem norm. maugre fast genau dem Angels.; es finden sich aboute, abouen, adoune, after, ageyne (s), ayen; amideward, at; bi, bifore, biforn, bitwene, for, for-to, fro, in, intil, into, of(fe), on(ne), o oft (in o londe 763, o nith 1349, o bok), ontil, ouer, to (po 395), toward, under, unto, upo(n), poru(th) 2786, umbe 2297, uten (uth 1152), with, wit(h)uten.

Die Conjunctionen entsprechen ebenfalls meist dem Neuenglischen. als (= as) zeigt sich in verschiedenen Verbindungen, wie also = gleich, also (stille) als = as still as; but als = nur 2031; so = ebenso wie 349; so as = obgleich 337; sone sone = sobald als 1354; forpi pat = dafür 2043.

Interjectionen sind vorzugsweise weilawei 570 (wellaway), Goddot(h) 606, 642, dapeit mit who (= Wehe dem, welcher), Deus und Allas.

Syntax. Die Stellung der Satztheile ist im lay noch ebenso frei, wie im Angelf., Styl, Satzfügung und Anordnung der Wörter überhaupt noch völlig germanischen Charakters. Das hauptsächlich betonte Wort tritt sehr oft an die Spitze des Satzes, der Obj.-Accus. geht sehr häufig dem Subject voraus oder tritt zwischen Hülfsv. und Verb., s. but sone dede hire fete 316, ähnlich 169, 322. Das Verb. steht wohl am Ende des Satzes, die Stellung des Adverbs gleicht dagegen der heutigen. Das Attrib. Abject. wird mehrfach von dem zugehörigen Subst. getrennt, z. B. joie he made hire swipe mikel 1107, justises dede he maken newe 263. — Absolute Construct., dem Angels. entlehnt, sind häufig, s. his quiste maked 365; 371, 379 u. s. w. Der Accus. steht in Verbindung mit Infinitiven nach Analogie d. Latein., z. B. 68, 404, 1364, 1368 u. s, w. Der Infinitiv findet sich einmal, nämlich V. 542—544, absolut in Jhesu Krist .... pe of Godard wreken.

Der Artikel ist öfter ausgelassen, wo er gegenwärtig stehen würde, z. B. 1941 or same seyde, 335, 344 he was fayr man and wicth, 379, 408, 487, 696, 749, 757, 758; letztere Stelle weist das Schwanken im Gebrauche jener Zeit klar genug nach. Im Allgemeinen geht der Artikel den Substantiven und attribut. Abjectiven voraus, folgt jedoch den bekannten Abj. u. abj. Pron. mani, al, euerilk und bope, z. B. mani a ter 285, 1697; al his herte 70, al pe nith 1754 — jedoch auch pe casteles alle, engelond al 2365, 2537; — euerilk a baroun 2258; bopen ure liues 697.

Die Abjectiva stellen sich zwar häufig vor dem zugehörigen Subst., folgen demselben aber auch andererseits mehr als im Neuenglischen, so casteles alle, prestes fayr and hende, ähnlich 359, 360, 680, 711, 890, 1209; dasselbe gilt von Comparat. und Zahlwörtern, s. 2212, swerdes drawen 1769, ringes mo 2740. — Von zwei verbundenen Abject. steht zuweilen das eine vor dem zugeh. Subst., das andere nach demselben, s. 341 a riche kyng and swipe stark; 344 hè was fayr man and wicth.

Nach Zahlwörtern bleiben die Namen der Jahreszeiten, dann das Subst. pund meist unverändert, s. a fyfty pund, twenti winter old 2455. Dagegen twel fote 1054.

Die Pronom. fallen sehr oft aus, vorz. die persönl., s. 15, 1376, die posseff. und relativ., s. 2036, 2434. Bemerkenswerth ist V. 2222 pe maydnes here lif. — Wie noch jetzt, steht it zuweilen zur Ergänzung eines intranf. Verbs, s. Grim it undertok pe wey 664. Die bemonstrativen Pron. und Ortadverb. sind zugleich Relativa, s. 1700 aboue pat penne wore, pou wost pat bihoues me; ähnlich 382, 1668, 1683; oueral per he wilen dwellen 54, Jl man to per he cam fro

1740. Hwat — wat in der Bedeutung „theils . . . theils" (jetzt ver-
altet) steht B. 635.

Die Präpositionen folgen öfter dem zugehörigen Worte, bes. den
Pron., wie 272, 3·5, 391, 413, 507 u. s. w.

Der Conjunctiv tritt noch ziemlich häufig auf, ist jedoch zuweilen
wegen der identischen Verbalformen vom Indik. nicht mehr zu unterscheiden. Derselbe findet sich fast stets nach den Verben des Wollens
und Rathens, in Wunsch- und Bedingungssätzen, zum Ausdruck einer
Absicht und nach den Conjunctionen bute, hwan(ne), so, pat, til und
wile (hwile).

Die den Infinitiv einleitenden Präpositionen sind to und forto,
letztere, wie z. B. B. 102, häufig in Absichtssätzen. Beide fallen in
manchen, dem Neuengl. oft analogen Constructionen aus, z. B. bigan
falle 1357 — doch: and to kalle 1358 —.

Von hohem Interesse ist die Negation, indem der angels. Gebrauch,
dieselbe durch ein vorhergehendes oder nachfolgendes ne einzuleiten oder
zu ergänzen, in unserm lay völlig herrschend geworden ist. Beispiele
sind: ne funde he non, B. 49, ähnlich 146, 148, 329, nouth ne blinneth. „Niemals" wird durch ne . . . neuere oder neuere . . . ne
ausgedrückt, z. B. 488 neuere more ne. B. 1371 findet sich sogar
dreifache Negation in ne neuere nouth.

Auch steht in jedem an und für sich bejahenden Nebensatze, welcher
von einem negativen Hauptsatze abhängig ist, die einfache Negation ne,
wenn selbst die Verneinung einen Widerspruch herbeizuführen scheint, z.
B. was non of hem pat he ne gat, 2·63—64 ne was nouth on
pat it ne was bicomen, ähnlich B. 80—81, 90—91, 2379—2380,
2802—2803, 2976—2977.